I TOKA N TE WAANIKIBA

Te korokaraki iroun Kaotiata Katuia
Te korotaamnei iroun Giward Musa

Library For All Ltd.

E boutokaaki karaoan te boki aio i aan ana reitaki ae tamaaroa te Tautaeka ni Kiribati ma te Tautaeka n Aotiteeria rinanon te Bootaki n Reirei. E boboto te reitaki aio i aon katamaaroaan te reirei ibukiia ataein Kiribati ni kabane.

E boreetiaki te boki aio iroun te Library for All rinanon ana mwane ni buoka te Tautaeka n Aotiteeria.

Te Library for All bon te rabwata ae aki karekemwane mai Aotiteeria ao e boboto ana mwakuri i aon kataabangakan te ataibwai bwa e na kona n reke irouia aomata ni kabane. Noora libraryforall.org

I toka n te waanikiba

E moan boreetiaki 2022
E moan boreetiaki te katootoo aio n 2022

E boreetiaki iroun Library For All Ltd
Meeri: info@libraryforall.org
URL: libraryforall.org

Te korotaamnei iroun Giward Musa

Atuun te boki I toka n te waanikiba
Aran te tia korokaraki Katuia, Kaotiata
ISBN: 978-1-922876-67-6
SKU02355

I TOKA N TE WAANIKIBA

I a mwananga n toka i aon te waanikiba ae rangi ni buubura.

I tamwarake ni kaintamwarakena ae rietaata ao n nooriia touati aika a butimwaaeai ma te moangare.

A kaota te kawaiu nakon au kaintekateka.

Ni moan riniu ao I noori
kaintekateka aika buubura
ao ni mwaawaawa.
I ataia ae a na bon mweengaraoi
taan tekateka ni kaintekateka
aikai.
E kona n reke weneia i aon
kaintekateka aika buubuura
ao ni mwaawaa aikai.
A kona naba ni kaetii rangaia.

E kaokoroaki n ruunaki man
taian kaintekateka ake tabeua.

E kairai te touati nakon
kaintekateka aika mwaiti
mai buki.

"Aio am kaintekateka! Aio nnen
am baeki ma am bwai riki tabeua,"
e taetae te touati ao e buokai ni
katokai au bwai ni nneia are e
kaotia nakoiu.

A tekateka bwaatintia n aia kaintekateka ao e a buti te waanikiba ni kaetia i nanon te marae.

A tei touati i nuukan te waanikiba n te tabo n nakonako ao ni kaotii bwaai aika a na riai ni karaoaki n tain te kiba, aron kabaeam ma te kaintekateka ao tabeua kauring ngkana iai te kabuanibwai ae karina n riki n tain te kiba.

A rangi ni kanikan ao ni katikimata.

Uuuuuu! Uuuuu! Uuuuu!

E karurungaaea ana waanikiba
te bwairati bwa e nang tauraoi
ni kiba.

I kainii taningau bwa I ribaa
te beroro.

I kataia n teirake bwa N na
kakaaea nneu ae e aki beroro.

Buuki! I kubanako ngke
I a bwaka naba. Ao ni boo
ramwau i aontano.

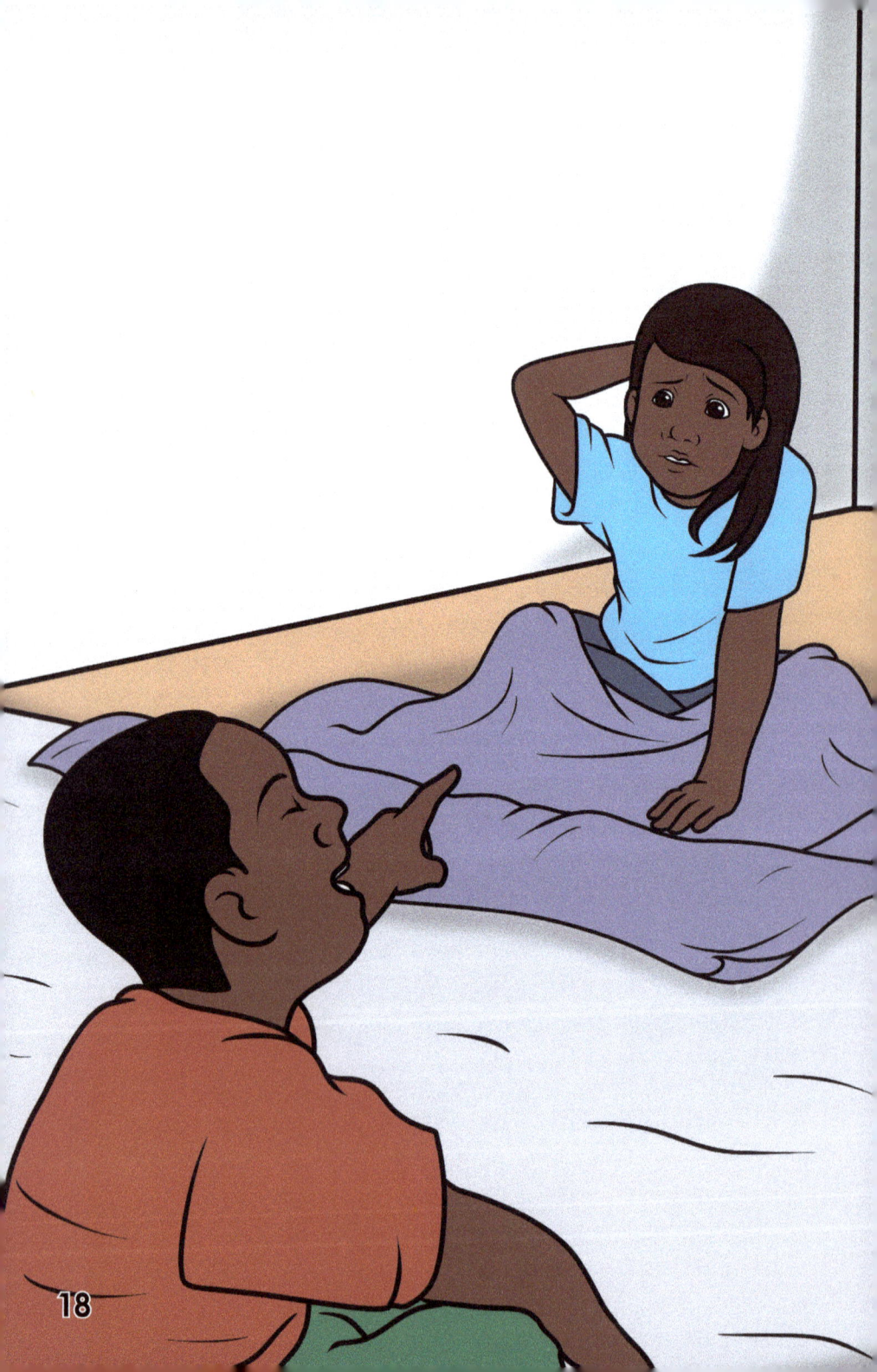

I kaurei matau ao I a noora mwaaneu ae uareereke ni ngareakinai, "Aa aa aa aa!"

I a ataia bwa I matuu i aon au kainiwene.

I wiingare nakoina ao e kaota ana waanikiba ae uareereke nakoiu. E tabe ni kabuubutia n te eea.

Uuuu! Uuuu! Uuuu!

I taku i nanou, "teraa te bwai aei? Tao te mii?"

Ko kona ni kaboonganai titiraki aikai ni maroorooakina te boki aio ma am utuu, raoraom ao taan reirei.

Teraa ae ko reiakinna man te boki aio?

Kabwarabwaraa te boki aio.
E kaakamanga? E kakamaaku?
E kaunga? E kakaongoraa?

Teraa am namakin i mwiin warekan te boki aio?

Teraa maamaten nanom man te boki aei?

Rongorongoia taan ibuobuoki

E mmwammwakuri te Library For All ma taan korokaraki ao taan korotaamnei man aaba aika kakaokoro ibukin kamwaitan karaki aika raraoi ibukiia ataei.

Noora libraryforall.org ibukin rongorongo aika boou i aon ara kataneiai, kainibaaire ibukin karinan karaki ao rongorongo riki tabeua.

Ko kukurei n te boki aei?

Iai ara karaki aika a tia ni baarongaaki aika a kona n rineaki.

Ti mwakuri n ikarekebai ma taan korokaraki, taan kareirei, taan rabakau n te katei, te tautaeka ao ai rabwata aika aki irekereke ma te tautaeka n uarokoa kakukurein te wareware nakoia ataei n taabo ni kabane.

Ko ataia?

E rikirake ara ibuobuoki n te aonnaaba n itera aikai man irakin ana kouru te United Nations ibukin te Sustainable Development.

libraryforall.org